Naiem Ahmadinejadfarsangi

Je suis Naiem, un musulman chiite iranien et chercheur de paix

Naiem Ahmadinejadfarsangi

Je suis Naiem, un musulman chiite iranien et chercheur de paix

(من نعیم هستم یک مسلمان شیعه ایرانی و صلح طلب)

Éditions Muse

Cover image: www.ingimage.com

Publisher:
Éditions Muse
is a trademark of
International Book Market Service Ltd., member of OmniScriptum Publishing Group
17 Meldrum Street, Beau Bassin 71504, Mauritius
Printed at: see last page
ISBN: 978-620-2-29868-1

Je suis Naiem, un musulman chiite iranien et chercheur de paix

(من نعیم هستم یک مسلمان شیعه ایرانی و صلح طلب)

Naiem ahmadinejadfarsangi

نعیم احمدی نژاد فرسنگی

Table des matières

Assassinat

Le terrorisme et le terrorisme sont l'un des sujets en plein essor dans les cercles politiques et juridiques du monde et de la communauté internationale. Entendre ce mot tourne l'esprit vers la violence, le meurtre et le crime. L'Occident, en particulier les États-Unis, a agi à travers les médias et les grandes entreprises juives du monde entier pour accuser les musulmans d'assassinat. Cela fait réfléchir n'importe quel observateur. Les opérations terroristes ne sont pas un phénomène nouveau, mais une méthode utilisée depuis des siècles par les faibles pour intimider les gouvernements et les dirigeants puissants ou deux puissants les uns contre les autres, ou par les puissants pour intimider les faibles, et l'histoire regorge d'actes terroristes. Mais l'assassinat au sens littéral du terme est une définition scientifique éphémère qui a trouvé son chemin dans les cercles académiques et scientifiques. Ces cercles ne sont pas encore parvenus à une définition consensuelle que tout le monde peut accepter, mais il existe un consensus international, tant dans les États islamiques que non islamiques, sur la condamnation du terrorisme. Le Saint Coran condamne toutes les formes de coercition, d'intimidation, de terreur, d'enlèvement, d'intimidation et de meurtre d'êtres humains, et l'Islam s'oppose et combat même ces actes. Le concept de terreur Terreur (mot français Terreur) signifie assassinat politique avec une arme, la terreur et la peur, et un terroriste est quelqu'un qui prône les principes de violence, de sévérité et d'intimidation, et en persan se réfère à une personne qui commet un meurtre politique avec une arme. Et le terrorisme est appelé le principe du règne de la terreur et de la corruption. Il y a eu de nombreuses définitions du terme assassinat, y compris la définition des Nations Unies dans la résolution 1948. L'Assemblée générale des Nations Unies considère le «terrorisme» comme des activités criminelles et violentes menées par des groupes organisés pour intimider afin d'atteindre des objectifs politiques. Cette définition ne fait pas directement référence aux gouvernements terroristes, c'est-à-dire aux gouvernements qui se livrent à des activités terroristes, mais il est clair que cette définition inclut également les gouvernements. Il ne fait aucun doute que l'assassinat et l'enlèvement sont un crime et un péché et une violation de la loi et provoquent le chaos, l'insécurité, la peur et la panique dans la société humaine. La biographie des premiers musulmans et le Saint Coran dans ses divers enseignements condamne toute sorte de chaos, de peur et de meurtre sans but. Certains de ces enseignements sont mentionnés ici pour clarifier le sujet.

Aux débuts de l'Islam, les musulmans étaient dans une position de faiblesse et d'impuissance à La Mecque pendant treize ans à compter du début du Besat à La Mecque, et étaient incapables de se défendre et de contrer les menaces de l'ennemi, de sorte que dans cette Pendant longtemps, des infidèles et des polythéistes les ont torturés et persécutés, voire parfois kidnappés. Un groupe de musulmans peut avoir été martyrisé sous la torture brutale des païens, et en fait, les musulmans ont perdu la vie dans de telles opérations terroristes. Le Saint Coran fait référence à ce point de la sourate Anfal et exprime la peur, la terreur et l'insécurité causées par la terreur et les enlèvements qui ont frappé les premiers musulmans de l'Islam: «Souvenez-vous quand vous, les musulmans, étiez sur terre, Vous étiez un petit groupe. Comme vous craigniez que les gens vous kidnappent. «Mais il t'a protégé et t'a fortifié avec son aide. (Anfal / 26) Dans les premiers jours de l'islam, il y avait des gens qui croyaient en la légitimité de l'islam dans leur cœur, mais par peur des enlèvements et de l'invasion des Arabes polythéistes à cette époque, ils n'étaient pas disposés à croire ouvertement à cette charia. Dans un autre verset, Dieu dit: «Ils ont dit: 'Si nous acceptons les conseils avec vous, ils nous kidnapperont de notre pays.' "Ne leur avons-nous pas fourni un sanctuaire sûr où sont apportés les fruits de tout" de chaque ville et don "?" (Histoires / 57) L'insécurité causée par l'enlèvement par les polythéistes, ainsi que la paix et la sécurité complètes dans le sanctuaire divin, qui est la promesse de Dieu et est mentionnée dans le verset, indiquent que la terreur et les enlèvements sont suivis de terreur, de terreur et d'insécurité pour le peuple. Il apporte et l'Islam accepte la sécurité et la paix. Bien sûr, il est nécessaire de rappeler que le manque de sécurité et de tranquillité et l'existence des enlèvements pour les musulmans, bien qu'ils aient des effets sociaux néfastes, ne sont pas une raison pour qu'une personne quitte la foi du cœur. L'existence d'une sécurité et d'une tranquillité précieuses dans la ville de La Mecque et dans l'environnement musulman et les problèmes, anomalies et insécurités sociales causés par les enlèvements en dehors de la ville de La Mecque, indiquent que les musulmans sont loin de la terreur et des enlèvements et l'établissement de la sécurité à La Mecque est la meilleure raison. Il condamne le terrorisme dans l'Islam. Dieu dit: "N'ont-ils pas vu que Nous leur avons fait un sanctuaire sûr, tandis que les gens qui l'entourent sont massacrés à l'extérieur?" "Croient-ils au mensonge et ne croient-ils pas aux bénédictions de Dieu?" (Araignée / 67) De la somme des trois versets, on peut tirer les points suivants concernant la sécurité: 1- Les musulmans ont été victimes de la terreur, des enlèvements et des activités terroristes des polythéistes; 2- Les musulmans n'ont pas essayé d'affronter les polythéistes et ne se sont pas livrés à des activités terroristes telles que le harcèlement et la terreur; 3- La sécurité individuelle et sociale a été considérée comme une nécessité de la vie et a été soulignée comme une précieuse bénédiction divine; 4- L'une des conséquences amères des assassinats et des enlèvements est la création de la peur, de la panique et de l'insécurité qui conduit à l'amertume; 5- Le manque de sécurité sociale éclipse la foi publique du peuple et les activités intellectuelles et culturelles, la promotion des commandements divins et la direction de la société sont également perturbées.

La valeur de la vie

Une des caractéristiques de l'islam et des enseignements du Saint Coran est d'accorder une attention et un respect étroits à la vie et à la vie des êtres humains. Le Saint Coran considère que le meurtre d'un être humain innocent est le meurtre de tous les êtres humains et le salut d'un être humain est la direction et le salut de tous les êtres humains. Dieu dit: «Chaque fois qu'une personne tue un être humain sur terre sans commettre de meurtre et sans corruption, c'est comme si elle avait tué tous les êtres humains, et quiconque sauve un être humain de la mort, c'est comme s'il avait sauvé tous les êtres humains de la mort. . » (Maeda / 32) Il ressort de ce verset que l'Islam considère la vie et la vie individuelle des êtres humains comme si précieuses qu'il semble que la vie est une société et que la société islamique est comme un corps. Ce corps est sain si tous les membres de ce corps sont en bonne santé, et l'absence de tout individu est un coup dur pour le corps d'une grande société humaine. Cependant, ces versets ont été révélés à une époque et dans un environnement où le sang humain était absolument sans valeur. On peut dire avec audace que les lois progressistes qui existent pour protéger la vie, la propriété, l'honneur et les droits et les valeurs matérielles et spirituelles des êtres humains dans les textes islamiques, en particulier le Coran, ne se trouvent dans aucune des correspondances juridiques du monde. Les versets et hadiths coraniques sont la punition la plus sévère pour le meurtrier. Le monde et le pire endroit de tourment sont considérés. Interdiction des actes inhumains même en temps de guerre L'Islam interdit les insultes, les blasphèmes et le meurtre de toute personne innocente, qu'elle soit musulmane ou non, dans des relations normales ou en temps de guerre. Les actes inhumains en temps de guerre, comme tuer des femmes, des enfants et des innocents, ainsi que les empoisonner, sont interdits dans l'Islam. Non seulement dans des circonstances normales, mais aussi en temps de guerre, les femmes, les enfants et les innocents de l'ennemi ne peuvent être tués ou leurs arbres et maisons brûlés. Même pendant la guerre, il a été souligné que ces cas n'étaient pas autorisés et qu'ils n'avaient pas reçu l'ordre de ne pas les commettre. Par exemple, dans le verset, il dit: "Ne dépassez pas la limite" (Baqarah / 190) Ils ont beaucoup fait. Par exemple, les moudjahidines ne devraient pas empiéter sur ceux qui déposent les armes, ainsi que sur ceux qui ont perdu la capacité de se battre ou qui sont fondamentalement incapables de prendre part à la guerre, tels que les blessés, les vieillards, les femmes et les enfants, les vergers, les plantes et les cultures. Détruisez et n'utilisez pas de substances toxiques pour empoisonner l'eau potable de l'ennemi (guerre chimique et microbienne). Des accusations telles que la prise d'otages et le détournement, qui sont des exemples de terrorisme, peuvent-elles être attribuées à l'islam et aux musulmans avec l'interdiction définitive des actes inhumains dans l'islam? Imam Sadiq (as) raconte que le Messager de Dieu a interdit aux musulmans de tuer des femmes et des enfants pendant la guerre et sur le pays de l'ennemi, à moins qu'ils ne s'engagent également dans la guerre: «Même une femme qui a pris part à la guerre devrait tuer autant que vous le pouvez. "Ignore le." Lorsqu'il est interdit de les tuer au pays de l'ennemi (Dar al-Harb), ils ne doivent pas être tués en premier lieu au pays de l'Islam. Le Messager de Dieu (PSL) a également interdit de tuer les gens de Dhimma, les aveugles, les vieillards, les femmes et les enfants dans le pays de l'ennemi. Le Prophète de l'Islam (PSL) a dit: Arrêtez de tuer les anciens et les enfants des polythéistes. L'imam Sadegh (as) a dit: Lorsque le Prophète de l'Islam (PSL) a voulu envoyer une armée pour la guerre, il les a appelés et s'est assis devant eux et a dit: "Au nom de Dieu et pour Dieu et dans la voie de Dieu, commencez le voyage, la supercherie et "Ne trichez pas, ne faites pas de paraboles, ne tuez pas les personnes âgées, les enfants et les femmes, ne coupez pas un arbre à moins que vous ne deviez le faire." L'imam Ali (AS) en ordonnant à ses troupes dans la bataille de Safin, après leur avoir ordonné de ne pas déclencher de guerre, a déclaré: "Ne tuez pas les fugitifs, ne frappez pas les handicapés, ne tuez pas les blessés, n'excitez pas les femmes en les harcelant.

"Même s'ils vous insultent et insultent votre réputation." L'Imam Sadegh (AS) cite l'Imam Ali (AS) que le Messager de Dieu (PSL) a interdit aux musulmans de verser du poison au pays des polythéistes. Cette narration montre que toute utilisation de produits chimiques en temps de guerre est interdite. Le Messager de Dieu a même interdit de brûler les arbres et les produits agricoles Dans une narration, l'Imam Sadegh (AS) cite le Prophète (PSL) qui a dit: «Et ne glorifiez pas les polythéistes; "N'insultez pas les païens." Ces cas, qui ne sont que quelques exemples des nombreux conseils du Prophète de l'Islam (PSL) et des chefs religieux, montrent que l'Islam ne permet aucun dommage qui soit en dehors des droits de l'homme, même à ses ennemis les plus obstinés, et interdit leur mise à mort. Alors, comment l'accusation de terrorisme et de destruction de personnes innocentes peut-elle être imposée à l'islam?!

Construire la paix et de bonnes relations

Dans les relations internationales et diplomatiques islamiques, l'effort est d'établir de bonnes relations et d'établir la paix entre les pays, et non de créer la violence, la terreur. L'une des caractéristiques du gouvernement islamique du Prophète (PSL) était qu'il présentait ses représentants politiques comme des messagers de paix, de compromis et de miséricorde. Le Prophète (PSL) envoyait un message à ses ambassadeurs que Dieu m'a envoyé pour la miséricorde et la paix, alors transmettez mon message au monde. Lors des événements de la sixième année de la Hijrah, le Prophète (PSL) s'est rendu à La Mecque pour visiter la Maison de Dieu. Les polythéistes de Quraysh, par peur, ont empêché le Prophète

(PSL) d'aller à La Mecque et l'ont empêché de créer au milieu de la route. Afin de les informer que son intention était uniquement de faire un pèlerinage, Jarash ibn Umayyah Khaza'i monta sur un chameau et l'envoya aux Quraysh à La Mecque, lui ordonnant de transmettre son message de paix à la noblesse Quraysh. Contrairement à la coutume des nations du monde concernant l'immunité de l'ambassadeur, les Qurayshites ont tué le chameau du Prophète et ont voulu tuer l'ambassadeur également, mais certaines personnes l'ont empêché et l'ont libéré. Cela a prouvé qu'ils ne voulaient pas entrer par la paix, et ils ont même envoyé cinquante de leurs soldats piller les biens et la captivité des personnes arrêtées par les musulmans, et le prophète a dit: Libérez-les tous, et ce faisant, votre esprit de paix. Prouvé à eux. Cependant, le Prophète n'a pas désespéré et, par la négociation et la paix, a de nouveau envoyé 'Uthman pour négocier et livrer le message aux dirigeants des Qurayshites. Les Qurayshites ont même empêché le retour d'Outhman. Le Prophète (PSL) a informé le dernier représentant des Qurayshites, Sohail bin Amr, qu'il n'avait pas l'intention de se battre. Cela a conduit à des négociations et à un traité de paix, appelé la paix Hudaybiyyah. Aussi, quand le Prophète (PSL) a envoyé "Mu'adh ibn Jabal" et "Abu Musa al-Ash'ari" au Yémen, il leur a dit: "Conseillez, obéissez, aidez, bénissez et ne détestez pas; "Se consulter, s'entraider, faciliter les choses (donner aux gens de bonnes et de bonnes nouvelles, et ne pas créer de haine." Cela a continué dans la dernière période de la civilisation islamique, et les ambassadeurs ont travaillé pour établir la paix et la communication entre les gouvernements; Par exemple, en 629 après J.-C. Ibn Jawzi, connu sous le nom d '«ambassadeur du calife», fut chargé de réconcilier les rois de la dynastie ayyoubide. Ces enseignements islamiques ne sont pas limités à l'époque du Prophète et aux débuts de l'Islam, mais sont respectés par les musulmans à tout moment, et ils suivent toujours ces enseignements et à toutes les nations et gouvernements, même leurs opposants, tant qu'ils ne vont pas au-delà de leur sainteté. Les musulmans ne violent pas, ils respectent, et c'est le signe le plus évident de l'islam et des musulmans, qui non seulement ne sont pas satisfaits de la violence, de la terreur et des prises d'otages, mais qui la combattent également.

Combattez l'ennemi et le corrupteur

Un chef de guerre est une personne qui commet de la corruption sur le terrain en perturbant la sécurité publique et le vol et empiète sur la vie ou la propriété des personnes en les menaçant avec une arme, que ce soit en tant que voleurs à l'extérieur des villes ou à l'intérieur de la ville. Et d'un point de vue jurisprudentiel, quiconque prend les armes pour intimider les gens est appelé un «guerrier». Dans l'Islam, ces personnes sont sévèrement punies. Le Saint Coran déclare: "Le châtiment de ceux qui combattent Dieu et Son Messager et commettent la corruption sur terre (et attaquent la vie, la propriété et l'honneur des gens avec la menace d'armes) ne doit être exécuté ou pendu, ou Quatre orteils de la main (droite) et du pied (gauche) doivent être coupés l'un en face de l'autre ou expulsés de leur pays d'origine. "C'est leur honte dans ce monde, et ils auront un grand châtiment dans l'au-delà." (Tableau / 33) En conséquence, la punition de l'ennemi selon le Coran est: 1- Exécution; 2- Suspendu; 3- Couper quatre doigts et orteils l'un en face de l'autre; 4- Exil. C'est la sévérité de la punition des individus ou des terroristes qui menacent la sécurité intérieure d'une société, qu'elle soit islamique ou non islamique. Il est à noter que les droits de l'homme et la sécurité sont si importants pour Dieu que la violation des droits de l'homme est une guerre contre Dieu. Il est clair que ces punitions ne sont pas pour un crime, mais parce que le crime est différent et que tous les combattants ne sont pas les mêmes, la punition est classée en fonction du crime et de la punition et selon les degrés de corruption, par exemple: celui qui tue une épée et en tue un autre et des amendes Gagner est différent de quelqu'un qui tue et ne prend pas d'argent, ou vice versa, prend de l'argent et ne tue personne. Dans tous les cas, si des actes terroristes sont commis contre le peuple et que des innocents sont tués, les auteurs de cet acte doivent être punis selon la loi islamique, et leur punition est le type le plus sévère de punition islamique. Dans une narration (qui est liée au verset de Moharebeh), l'Imam Sadegh (AS) a dit: Certaines personnes de la tribu de Bani Zabbah, alors qu'elles étaient toutes malades, sont venues en présence du Messager de Dieu (PSL). L'Imam leur a ordonné de rester avec lui pendant quelques jours pour récupérer, puis il les a envoyés à la guerre. Ces gens disent que nous avons quitté Médine. Le Messager de Dieu (PSL) nous a chargé d'aller aux chameaux de la charité dans le désert de Médine et de manger leur lait, et nous l'avons fait jusqu'à ce que nous ayons tous récupéré et que nous soyons devenus complètement forts.

Imam (AS) a dit: Dès que ces gens sont devenus forts, ils ont tué trois bergers du Messager de Dieu (PSL). Le Messager de Dieu (PSL) a envoyé Ali (AS) pour les arrêter et les supprimer. L'imam Ali (AS) les a trouvés errant dans une vallée, parce que ce désert était près du Yémen et qu'ils ne pouvaient pas en sortir, Ali (AS) les a capturés et les a amenés au Messager de Dieu (PSL). A ce moment, le verset de Moharebeh, qui considère la punition de Moharebeh comme l'un des quatre derniers cas, a été révélé. Dans d'autres récits, les punitions ci-dessus sont envisagées pour ceux qui tuent des innocents et perturbent la sécurité du peuple, et commettent en fait des actes terroristes. Par exemple, l'Imam Baqir (AS) dit: «Quiconque tire sur des gens dans une ville et fait du mal à quelqu'un et prend les biens des gens, même s'il n'a tué personne, il est un chef de guerre et sa punition est la punition des seigneurs de guerre et s'il tue quelqu'un, Le chef et le dirigeant de la charia peuvent lui couper la main. Ainsi, l'Islam condamne fermement les actes inhumains et, en outre, impose des châtiments sévères à ses auteurs.

Condamnation de la terreur et du terrorisme dans la pensée de l'imam Khomeiny

Le régime de la République islamique d'Iran a été l'une des plus grandes victimes de la terreur et du terrorisme dans l'histoire contemporaine du monde. Après la victoire de la Révolution islamique, un grand nombre des compagnons les plus sincères et purs de l'Imam Khomeini (ra) ont été martyrisés à la suite d'assassinats lâches. Par conséquent, examiner l'opinion de l'Imam Khomeiny sur ce phénomène semble être une voie à suivre. En examinant les déclarations de l'Imam Khomeiny sur l'assassinat, nous arrivons à la conclusion que sa définition de l'assassinat est très proche de la définition scientifique et terminologique de la science politique. Bien qu'il n'ait pas défini explicitement et directement la terreur, il est facile de voir d'après ses déclarations que sa définition est conforme à la définition conventionnelle de la terreur. Par conséquent, on peut dire que du point de vue de l'Imam Khomeiny, l'assassinat fait référence au comportement d'un individu, d'un groupe, d'un parti ou d'un gouvernement qui cherche à atteindre ses objectifs politiques par la violence, le meurtre, l'effusion de sang soudaine et secrète et l'intimidation. Même en regardant brièvement les déclarations de l'Imam Khomeiny sur l'assassinat, il est facile de voir que l'Imam Khomeiny avait une vision très négative de ce phénomène. Il est clair que partout où l'Imam a parlé de terreur et de terrorisme, son ton indique la haine et l'aversion pour ce phénomène. L'imam Khomeiny décrit explicitement la terreur et les actes terroristes comme inhumains. Selon lui, l'assassinat est un acte inhumain et en même temps très lâche. «Les terroristes ne peuvent assassiner le caractère humain des hommes islamiques. Ceux qui ont ressenti leur défaite et leur mort et veulent se venger de ce comportement inhumain sont méfiants.

"Expliquez à ceux qui font des choses si lâches ... de tuer de telle manière qu'ils tuent soudainement et furtivement." D'un autre côté, selon l'imam, se livrer à des actes terroristes est un signe de l'irrationalité et de la stupidité de leurs auteurs. Il croit que l'assassinat est un acte insensé et le résultat de la stupidité et de l'irrationalité totale, et par conséquent, on peut en conclure que, selon l'imam Khomeiny, les gens vraiment sages ne commettent jamais d'assassinats et d'actes terroristes. «Maintenant que les personnages sont assassinés, ils s'imaginent, et alors qu'ils voient un personnage assassiné en prétendant être plus fort dans tout l'Iran, ils le font toujours en raison de leur stupidité. " Il a également déclaré dans son discours du 20 décembre 1958 à propos de l'assassinat irrationnel: «Les choses irrationnelles qu'ils font, vous voyez que cela finit en notre faveur ... Ils assassinent, pensant qu'ils nous font peur, font peur à notre nation, vous voyez que leur courage [la nation] augmente. " Puisque, selon l'Imam Khomeiny, l'assassinat est un acte inhumain, irrationnel et stupide, il est aussi dû à un manque de logique. Selon lui, la raison pour laquelle certaines personnes commettent des actes terroristes est qu'ils sont logiques. N'ai pas. «La raison de votre incapacité à tuer nos penseurs dans l'obscurité de la nuit est que vous n'avez aucune logique. Si vous aviez la logique de parler. Vous vous disputiez. Mais vous n'avez aucune logique. Votre logique est la terreur ...! " D'autre part, en plus de ce qui précède, l'Imam pensait que les assassinats étaient dus à la faiblesse, à l'échec et au langage, et seulement aux perdants, à la langue et aux personnes qui se sentent faibles et vaincus face à la logique, et par conséquent à un manque de base. Le peuple a échoué, il commet des actes terroristes. Par conséquent, ils considèrent l'assassinat comme un acte désespéré. "Ceux qui ont ressenti leur défaite et leur mort et qui veulent se venger de ce comportement inhumain, veulent effrayer les moudjahidines de l'Islam avec leur imagination grossière, ils sont méfiants. " Dans un discours prononcé le 15 juillet 1958 lors d'un rassemblement de professeurs de l'Université d'Ispahan et du personnel de l'Association islamique du ministère de l'Intérieur, il a explicitement déclaré que ceux qui se considèrent faibles et perdus recourent à des actes terroristes. «La raison de la déception est cet assassinat et ces actes destructeurs. Ce sont des raisons de faiblesse. "Quiconque se considère faible et perdu cessera de faire ces choses destructrices." Aussi, dans son discours à l'occasion de l'assassinat et du martyre de Mohammad Ali Rajaei et Mohammad Javad Bahonar, devant différents segments de la population le 30 septembre 1981, l'Imam a considéré la conduite d'actes terroristes comme la faiblesse ultime et la rhétorique des terroristes. Selon lui, les gens puissants, c'est-à-dire dotés du pouvoir de la logique ou du pouvoir du soutien populaire, ne commettent pas ces actes odieux, mais seuls ceux qui sont finalement faibles utilisent des méthodes terroristes. "Et ne pensez pas qu'ils font une telle chose hors du pouvoir. En faisant exploser une bombe à un endroit, un enfant de douze ans peut la saisir, la déposer quelque part et la faire exploser lui-même. "Ce n'est pas une force, c'est une faiblesse." Selon lui, non seulement les individus, mais même les gouvernements qui se sentent faibles recourent à la terreur. «Aujourd'hui, l'arrogance de l'Orient et de l'Occident, parce qu'ils n'ont pas fait face directement au monde islamique, a mis à l'épreuve la voie de l'assassinat et de la destruction des personnalités religieuses et politiques. D'un autre côté, ils considèrent que les terroristes sont des gens qui n'ont pas compris la bonne voie. Selon lui, la terreur est une école déviante et ils considèrent le recours aux actes terroristes comme l'une des caractéristiques des déviants et des personnes égarées. «Les États-Unis sont fermement convaincus qu'ils peuvent faire quelque chose en tuant et en assassinant. "Les communistes fictifs ... les écoles déviantes, les racines de l'ancien régime, sont pessimistes de pouvoir réprimer les sentiments de notre nation par l'assassinat." Quelle est la raison pour laquelle ces personnes ont commis ce crime? Tout cela parce que Dieu Tout-Puissant les a aveuglés. Cela les a privés de la perception du droit chemin. Autrement dit, ils ont eux-mêmes fourni les moyens de la privation. "

En examinant les déclarations de l'Imam Khomeiny sur l'assassinat, nous arrivons à la conclusion qu'à son avis, l'assassinat est avant tout un acte inhumain. Il convient de noter qu'à son avis, les êtres humains ont une dignité et une valeur particulières et que, par conséquent, seuls ceux qui sont tombés dans l'humiliation se livrent à des actes inhumains. D'un autre côté, ils considèrent l'assassinat irrationnel et stupide. De plus, ils attachent une grande importance à l'élément de l'intellect humain, de sorte que l'assassinat montre que la personne s'est détournée de l'appel de sa nature et de son intellect et s'est tournée vers la corruption et les écoles déviantes; Et il a perdu sa volonté et est tombé dans la vallée de l'ignorance. C'est donc le manque de logique et le sentiment de faiblesse, de rhétorique et d'échec qui poussent une personne à commettre des actes et des actes terroristes. D'un autre côté, ils assimilent l'assassinat à la corruption, à la corruption, au pillage et au pillage, et croient que les gens qui n'ont pas compris le bon chemin et emprunté le chemin de la perfection humaine et sont tombés dans l'abîme de la déviation et de l'égarement, et bien sûr la raison de leur privation de la direction divine. Ils ont eu recours à la terreur pour atteindre leurs objectifs inhumains. Avec ces descriptions, il est très clair que l'Imam Khomeiny, qui croit en la haute valeur des êtres humains et considère l'intellect humain comme un niveau de révélation divine, et tous ses efforts ont été pour conduire les êtres humains à la perfection, ne peut en aucun cas être d'accord avec le phénomène de la terreur. Être. Avec sa définition de la terreur et les descriptions que nous avons données de sa vision de la terreur, il est clair qu'il condamne fermement le terrorisme et que tout recours à des méthodes terroristes pour atteindre des objectifs politiques n'est pas seulement une erreur. Ils le savent, mais ils s'y opposent fermement et condamnent explicitement et résolument le terrorisme, le terrorisme et tout acte terroriste pour des raisons religieuses, morales et humanitaires. D'autre part, il exprime également le point de vue de l'islam contre le terrorisme, en plus du fait qu'il a personnellement, en tant que l'un des plus grands islamologues, juristes et penseurs islamiques, exprimé son opinion personnelle sur le terrorisme. La décision islamique sur l'assassinat a également été mentionnée. Par conséquent, il a dit à plusieurs reprises que la religion de l'islam invalide la terreur. Selon lui, la logique de l'islam ne permet pas l'assassinat, et l'assassinat est le contraire de la logique de l'islam. Il pense également qu'un musulman ne peut pas être un terroriste. «Si vous aviez la logique, vous parliez, vous disputiez, vous n'avez aucune logique, votre logique est la terreur! La logique de l'islam invalide la terreur. "L'Islam a une logique." "Vous pouvez être sûr que notre nation est musulmane [musulmane] et certainement pas un terroriste."

Assassinat d'élites nucléaires

"Les États-Unis ont pris un certain nombre de mesures pour mettre fin au programme nucléaire iranien: l'utilisation du cyber-terrorisme, l'assassinat ciblé de scientifiques iraniens, le blocus financier et la guerre par procuration", a déclaré John Klasser dans un article du 4 novembre 2011. Patrick Klasson, secrétaire de l'Initiative de sécurité iranienne à la Fondation Washington, a également qualifié l'assassinat de scientifiques nucléaires iraniens de l'un des moyens de confronter l'Iran, déclarant: "L'assassinat est la voie à suivre". John Sawers, ancien membre de l'équipe de négociation nucléaire de l'UE avec l'Iran, a également reconnu que l'arrêt du programme nucléaire iranien n'est pas possible uniquement par la diplomatie et que les opérations de renseignement de base doivent être utilisées pour arrêter ou ralentir le programme nucléaire de pays comme l'Iran. Peu de temps après les propos de Saverz, Majid Shahriari et Fereydoun Abbasi Davani, deux scientifiques nucléaires iraniens, ont été assassinés à Téhéran. Concernant l'assassinat de quatre scientifiques nucléaires iraniens, un responsable américain a cité un responsable américain disant que les attaques contre le programme nucléaire iranien ont été menées par les services de renseignement du régime sioniste. "Ces événements sont apparemment hors de propos, mais la révélation du Département d'Etat américain documente leurs inquiétudes concernant le programme nucléaire iranien", a rapporté le journal britannique The Independent, citant trois incidents: la publication de nouveaux documents par WikiLeaks, l'assassinat de scientifiques nucléaires iraniens et la nomination d'un nouveau chef du Mossad. "Un mystérieux scientifique nucléaire iranien à Téhéran et la blessure d'un autre scientifique et la nomination de Tamir Pardo à la tête du Mossad ont fait le lien entre ces événements." "Les récents assassinats en Iran font partie des efforts sans fin de la communauté du renseignement israélienne avec ses homologues occidentaux, y compris le MI6 britannique et la CIA", a déclaré l'auteur du rapport, spécialisé dans les questions stratégiques, de renseignement et de terrorisme. «Afin de perturber ou retarder et, si possible, empêcher l'Iran d'atteindre ses objectifs nucléaires.» Toujours en novembre 2011, le Guardian a rapporté que les «opérations noires» des États-Unis et du régime sioniste visaient des scientifiques iraniens. . Suite à l'assassinat de Shahriari, Phil Geraldi, un ancien officier du renseignement de la CIA et de l'armée américaine, a avoué dans une note sur le site Web d'information du Centre IRA que le 28 novembre 2010, les services de renseignement américains et le régime sioniste, en collaboration avec le groupe hypocrite, avaient agi. L'assassinat du scientifique nucléaire iranien Après le martyre d'Ahmadi Roshan, le magazine Times a écrit dans un article au porte-drapeau américain que l'Occident avait fait un «effort secret massif» pour forcer l'Iran à se retirer de son programme nucléaire. L'ancien procureur américain Ramsey Clark a également précisé que le but des assassinats était d'intimider le peuple iranien: "Le fait important et indéniable est que ... l'assassinat de scientifiques nucléaires iraniens est en fait une tentative d'intimidation du peuple iranien ... par les États-Unis et "C'est Israël." Échec américain après l'assassinat de scientifiques nucléaires iraniens Simultanément à l'assassinat de scientifiques iraniens, de jeunes penseurs nucléaires ont pu contrecarrer le plan de l'ennemi en avançant dans cette industrie. Ainsi, le 20 Farvardin 1388, au centre de "Yu. CF Ispahan a dévoilé le premier combustible nucléaire produit par les scientifiques et experts du pays. Quelques jours après l'assassinat du martyr Ali Mohammadi, une production d'uranium enrichie à 20% a commencé sur le site de Natanz. En 2010, «le premier échantillon de combustible virtuel du réacteur de recherche de Téhéran et la troisième génération de centrifugeuses» a été dévoilé. Un an plus tard, en 2011, plusieurs réalisations différentes des scientifiques et experts nucléaires du pays ont été dévoilées, ce qui était d'une grande importance pour le pays en raison des sanctions internationales et de l'assassinat généralisé de scientifiques nucléaires. La même année, «le dioxyde d'uranium naturel de pureté nucléaire produit comme alimentation de la centrale à eau lourde d'Arak» a été dévoilé, ainsi que la production d'isotopes stables dans le complexe d'eau lourde d'Arak. Le déploiement simultané de systèmes de rayonnement dans les provinces de Chaharmahal Bakhtiari et de l'Azarbaïdjan oriental, la production d'un générateur radiopharmaceutique au gallium-68 / germanium-68 pour la première fois en Asie et la construction du premier accélérateur électrostatique de 200 KeV en Iran figuraient parmi les honneurs des scientifiques nucléaires du pays. Le 17 février 2012, l'Iran a annoncé la construction d'un crayon de combustible nucléaire enrichi à 20% et son chargement dans un réacteur de recherche de 5 MW à Téhéran. Ainsi, la dernière étape de l'achèvement du processus du combustible nucléaire, à savoir la construction du combustible et le chargement des complexes combustibles à l'intérieur du cœur du réacteur, a été franchie par les experts nucléaires du pays.

Sources

[1] - George Zidane, Histoire de la civilisation islamique, vol. 4, p. 282.
[2] - Khosroshahi, Philosophie du droit, p.117. AH: Hosseini, Seyyed Ibrahim, Interdiction de recourir à la force, p.115
[3] - John Dion Port, excuse de culpabilité envers Muhammad et le Coran, p. 206.
[4] - Gustave Lobon, Histoire de la civilisation islamique et de l'Occident, traduit par Seyyed Hashem Hosseini, pp. 142-147 (cité par: Ali Rabbani Golpayegani, Analysis and Critique of Religious Pluralism, p. 57)
[5] - Ravandi, Morteza, History of Social Developments, Vol.2, aussi: Annan, Mohammad Abdullah, The End of Andalusia, pp. 260-292, Cairo Press. AH: Qutb, Sayyid, le fondement de la paix mondiale, p.17.
[6] - Albermale et Jules Isaac, Histoire générale (histoire médiévale), vol. 2, p. 257.
[7] - Islam et coexistence pacifique, p. 77, AH: Ali Hojjati Kermani, Islam, la religion de la vie, p. 191.

MIX
Papier aus verantwortungsvollen Quellen
Paper from responsible sources
FSC® C105338

Printed by Books on Demand GmbH, Norderstedt / Germany